AF360025

FÊTE

DE

L'INAUGURATION DU TEMPLE

DE LA R∴ L∴

Les Amis persévérants et l'Étoile de Vésone réunis,

O∴ DE PÉRIGUEUX

Célébrée le 4ᵉ J∴ du 5ᵉ M∴ de l'A∴ de la V∴ L∴

5869

(4 juillet 1869 E∴ V∴).

COMPTE-RENDU DES TRAVAUX.

PÉRIGUEUX,

IMPRIMERIE DUPONT ET Cᵉ, RUE TAILLEFER.

1869.

O∴ DE PÉRIGUEUX.

On se propose ici de marquer en traits rapides la journée Maç∴ consacrée à l'inauguration du T∴ élevé à l'O∴ de Périgueux, et de réunir, dans l'ordre où ils se sont produits, les morceaux d'Archit∴ composés à l'occasion de cette Fête solennelle, afin d'ajouter au témoignage de la médaille commémorative qui en porte la date, l'exactitude du procès-verbal, la fidélité du compte-rendu.

A∴ L∴ G∴ D∴ G∴ A∴ D∴ L∴ U∴

A∴ N∴ E∴ S∴ L∴ A∴ D∴ G∴ O∴ D∴ F∴

PRÉCIS DES TRAV∴

De l'inauguration du nouveau T∴ de la R∴ L∴ les Amis Persévérants et l'Étoile de Vésone réunis, O∴ de Périgueux.

Le 4ᵉ J∴ du 5ᵉ M∴ de l'A∴ de la V∴ L∴ 5869, la R∴ L∴ de Saint-Jean de Jérusalem, sous le titre distinctif de *les Amis Persévérants et l'Étoile de Vésone réunis*, régulièrement constituée à l'O∴ de Périgueux et fraternellement réunie sous le point géométrique connu des seuls vrais Maç∴, dans un lieu très-éclairé, très-régulier et très-fort, où règnent l'union, le silence et l'équité, a ouvert ses Trav∴ au 1ᵉʳ gr∴ symb∴ à midi plein, à l'O∴ sous le maillet du T∴ C∴ F∴ RITOURET, 1ᵉʳ Surv∴, Vén∴ *par interim*, et à l'Occ∴ sous les maillets des TT∴ CC∴ FF∴ ROUCHARD, 1ᵉʳ Surv∴ *par interim*, et BONNET, 2ᵉ Surv∴

— Le F∴ MILLET-LACOMBE occupe le chantier de l'Orat∴

— Et le F∴ PICOT esquisse la Pl∴ des T∴

Sont à leurs postes :

Le G∴ Exp∴ F∴ RICHARD ;
Le Trés∴ F∴ ROUCHARD ;
L'Hosp∴ F∴ CLERVAUX ;
Le 1ᵉʳ M∴ des Cér∴ F∴ DUMAS ;
L'Écon∴ F∴ CAPURON ;
L'Archiv∴ F∴ BARDET ;

L'Archit.·. F.·. EYSSALET ;
Les 2ᵉ et 3ᵉ Exp.·. FF.·. JURKOWSKI et DALBAVIE ;
Le 2ᵉ M.·. des Cér.·. F.·. MICHELOT ;
Le M.·. des Banq.·. F.·. RÉQUIER ;
Le Secrét.·. adj.·. F.·. VIGIER ;
Le Trés.·. adj.·. F.·. MAZEAU ;
Le Couv.·. F.·. LAURENS.

L'ordre du jour porte : *Tenue d'inauguration à 2 heures. — Trav.·. de banquet à 6 heures et demie.*

TENUE D'INAUGURATION.

Le Vén.·., *par interim*, invite les FF.·. Exp.·. et M.·.
des Cér.·. à se rendre dans le Parvis, auprès des Prési-
dents ou Délégués des LL.·. qui veulent bien partager
les Trav.·. du jour, et à leur faire donner l'entrée du
T.·. Ces FF.·. prennent tous place à l'Or.·.

Les FF.·. Visiteurs, non revêtus d'une mission offi-
cielle, sont introduits à la suite des Délégués, après
avoir été scrupuleusement tuilés.

En troisième lieu s'avancent les Maç.·. de l'Or.·. de
Périgueux.

Le nombre des Ouvriers partis de divers Or.·., joint
à ceux de cette R.·. L.·., s'élève à 250 environ, et
peut à peine tenir sous les col.·.

Le T.·. est orné d'une décoration spéciale. Des cartels
triangulaires placés au Nord, à l'Occident et au Midi

désignent les LL.˙. qui ont assuré de leur concours, et dont les noms suivent :

Les Fils d'Hiram, O.˙. d'Agen ;
La Tolérante Amitié, O.˙. d'Agen ;
L'Étoile de la Charente, O.˙. d'Angoulême ;
Les Amis de la Paix, O.˙. d'Angoulême ;
La Libre Pensée, O.˙. d'Aurillac ;
Les Amis Réunis, O.˙. de Barbezieux ;
Les Vrais Frères, O.˙. de Bergerac ;
La Candeur, O.˙. de Bordeaux ;
L'Étoile du Progrès, O.˙. de Bordeaux ;
La Tolérance, O.˙. de Bordeaux ;
La Française élue Écossaise et l'Amitié réunies, O.˙. de Bordeaux ;
La Fraternité, O.˙. de Brive ;
La Parfaite Union, O.˙. de Confolens ;
L'Union Fraternelle, O.˙. d'Eymet ;
L'École de la Morale, O.˙. de Libourne ;
Les Artistes Réunis, O.˙. de Limoges.
L'Union sincère, O.˙. de Mussidan ;
Les Travailleurs Unis, O.˙. de Sainte-Foy ;
Les Cœurs Unis, O.˙. de Toulouse ;
La Française des Arts, O.˙. de Toulouse ;
La Parfaite Harmonie, O.˙. de Toulouse.

Lorsque les Col.˙. sont devenues silencieuses et recueillies, le Vén.˙. donne communication à l'At.˙. de trois Pl.˙. émanant du G.˙. O.˙. de France, et adressées, deux au Vén.˙. Titulaire, l'autre au F.˙. HERMITTE de l'O.˙. de Bordeaux. La première déléguait le F.˙. GAIL-LARD, Vén.˙. de la R.˙. L.˙., pour représenter le G.˙. M.˙. et consacrer en son nom le nouveau T.˙. élevé par la Maç.˙. de l'O.˙. de Périgueux ; la seconde informait le Vén.˙. que, sur sa demande, la délégation serait faite au T∴ C∴ F∴ HERMITTE, Membre du Conseil de l'Ordre ; la troisième Pl∴ avisait ce dernier F∴ de la résolution du G∴ M∴.

Une Pl∴ de l'O∴ de Confolens, annonçant que la R∴ L∴ *la Parfaite Union* sera représentée par les FF∴ Auguste et Marc Lavertujon, est ensuite déposée sur le chantier du Secrét∴.

Le Vén∴, ces préliminaires réglés, députe neuf Maît∴ pour aller, Étoiles et Glaives en mains, vers les FF∴ HERMITTE et GAILLARD. Un instant après, le F∴ 1er Surv∴ annonce la présence de ces deux FF∴ aux portes du T∴. Aussitôt les FF∴ qui décorent les Col∴ se mettent debout et à l'ordre ; le T∴ s'ouvre, la voûte d'acier se forme, les maillets battent, la Col∴ d'Harmonie fait entendre une marche triomphale, et le F∴ HERMITTE, 33e, Représentant du G∴ O∴ de France, le F∴ GAILLARD, Vén∴ Titul∴, précédés de neuf Étoiles, se dirigent vers l'Or∴.

Lorsque ces deux FF∴ sont parvenus dans le Sanctuaire, le F∴ RITOURET remet au F∴ HERMITTE le maillet, les insignes de direction, et reprend son poste de 1er Surv∴.

Alors le F∴ HERMITTE ouvre et continue les trav∴ de la manière suivante, selon la forme appliquée déjà par lui pour l'inauguration d'un T∴ à l'O∴ de Bordeaux :

S'adressant aux Chefs des Col∴, il dit : « *FF∴ 1er et* » *2e Surv∴, annoncez sur vos Col∴ que les Trav∴ d'inau-* » *guration vont s'ouvrir ; invitez les FF∴ à s'unir à nous* » *pour les ouvrir en la forme réglementaire.* »

L'annonce ayant été répétée sur les Col∴ et les FF∴ étant debout et à l'ordre, le F∴ consécrateur continue :

« *A la Gloire du G∴ A∴ de l'U∴, au nom et sous les* » *auspices du G∴ O∴ de France, en vertu des pouvoirs*

» *qui m'ont été conférés, je déclare ouverte au Gr.˙. d'App.˙.*
» *la tenue d'inauguration du T.˙. fondé par la R.˙. L.˙.*
» les Amis Persévérants et l'Étoile de Vésone réunis,
» *à l'O.˙. de Périgueux.* »

Le signe, la batt.˙., l'acclam.˙. accompagnent l'ouverture des Trav.˙. en tenue du G.˙. O.˙. de France.

Il se fait un grand recueillement, et au milieu d'un silence profond, le F.˙. HERMITTE prononce un discours sur la glorification du travail et de la croyance.

Voici le discours du F.˙. HERMITTE :

« Mes Frères,

» La règle, l'équerre, le compas et le niveau ont fonc-
» tionné ; les ouvriers ont fini leur journée et leur tâche ;
» Apprentis, Compagnons et Maîtres sont réunis pour inau-
» gurer le monument qu'ils ont construit ensemble et que
» surmonte le glorieux rameau de laurier.

» Ce monument est un Temple élevé à la gloire du Grand
» Architecte de l'Univers ; il est destiné à servir d'abri aux
» amis de la Vertu et de la Vérité ; on y pratiquera le culte
» des bonnes œuvres ; il sera un utile instrument de propa-
» gande des idées maçonniques

» Les Fêtes du genre de celle qui nous rassemble aujour-
» d'hui se multiplient depuis quelque temps. Ce fait doit
» avoir une signification philosophique et morale que nous
» allons essayer d'indiquer : car c'est le mérite des Francs-
» Maçons de rechercher les motifs et le but de toutes les choses
» que les autres hommes font par instinct ou par imitation.

» L'architecture est le produit le plus remarquable de la
» science et de l'art, du travail et de l'association. C'est par
» elle que s'affirment les peuples et les institutions et que se
» manifeste le progrès. Ce qu'on va voir chez une nation,
» pour apprécier rapidement son rôle et son rang dans l'hu-

» manité, ce sont ses monuments. Ce qui reste des âges écou-
» lés, ce sont des monuments. Au nombre, aux proportions,
» à la forme des monuments on mesure la foi, la gloire, le
» luxe, le bien-être, la charité, la justice, le goût et la
» puissance dont les hommes sont capables.

» L'esprit et la matière sont tellement unis que tout ce qui
» est prend un corps et une forme sensibles. L'idéal qui ins-
» pire les œuvres des hommes se manifeste par elles. Toutes
» les facultés et toutes les espérances se fortifient par le tra-
» vail ; il est la source du bonheur et de l'indépendance :
» c'est par lui que l'infiniment petit se rattache à l'infiniment
» grand ; le progrès qu'il réalise nous fait comprendre la per-
» fection à laquelle nous aspirons.

» C'est le travail qui caractérise notre époque, ainsi que le
» fait remarquer Victor Hugo dans ces vers :

> Ce siècle est grand et fort, un noble instinct le mène ;
> Partout on voit marcher l'idée en mission ;
> Et le bruit du travail, plein de parole humaine,
> Se mêle au bruit divin de la création.

» Mais si le travail est l'honneur de l'humanité, c'est sur-
» tout dans les œuvres monumentales qu'il devient un juste
» sujet d'orgueil. — Tous les centres de civilisation, Tyr et
» Samothrace, Carthage et Rome, Athènes et Memphis,
» Ninive et Babylone, ont été des cités splendides que les
» nouvelles continuent en les imitant.

» Cependant tout se désorganise et périt, même les monu-
» ments, même les cités et les peuples ; à l'aide de ses ves-
» tiges qui lui survivent quelque temps, chaque groupe éteint
» montre, par ce qu'il a fait, ce qu'ils doivent faire aux
» groupes renaissants. Dans une de ses plus belles inspira-
» tions, le même poète que nous venons de citer, devançant
» les siècles, a raconté la ruine de Paris. Il signale trois
» monuments restés debout, Notre-Dame, la colonne Ven-

» dôme et l'Arc-de-Triomphe ; il les appelle « un triangle su-
» blime », et dit de la capitale devenue déserte :

> — Alors tu seras éternelle et complète
> Quand tout ce que la Seine en son onde reflète
> Aura fui pour jamais ;
> Quand, de cette cité qui fut égale à Rome,
> Il ne restera plus qu'un ange, un aigle, un homme,
> Debout sur trois sommets.

» La Maçonnerie, représentant ce qui ne périt point, ce
» qui anime et ce qui unit toutes les générations, est à la
» fois le culte de l'ange, de l'aigle et de l'homme, c'est-à-
» dire du génie, de la vertu et du travail. Prenant chaque
» jour un rang plus considérable comme institution humani-
» taire, elle ne peut se contenter indéfiniment de la parole et
» de l'écriture pour manifester sa grandeur et exercer son
» influence. Il lui faut des œuvres de pierre et de marbre
» dont la forme et les proportions apprennent aux généra-
» tions futures quels furent son rôle et sa mission. Main-
» tenant notre Ordre peut dire lui aussi dans plusieurs
» Orients : *Exegi monumentum*. Mais il faut y rattacher
» quelque chose qui, préexistant à l'œuvre, lui survivra, une
» idée et un sentiment.

» Planter et bâtir, sont les plus nobles expressions de la
» volonté et du génie humain. Fertiliser la terre et l'embel-
» lir, telle est la mission de l'homme des champs. Polir les
» matières brutes et les assembler dans un ordre élégant et
» savant pour un but de plus en plus utile et grandiose,
» telle est celle de l'habitant des villes.

» Toutes les sciences et tous les arts se prêtent un mutuel
» concours dans ces travaux de l'agriculture et de l'architec-
» ture que nous avons relevés de leur injuste abaissement.
» Chaque fois que l'occasion s'en présente, nous devons rap-
» peler au travailleur sa dignité en évitant les flatteries qui
» pervertissent également ceux qui les disent et ceux qui les

» écoutent. N'oublions pas cette pensée de Pascal, qu'il est
» aussi dangereux de trop élever l'homme que de trop l'abais-
» ser.

» C'est pourquoi la Maçonnerie ne célèbre pas seulement le
» travail comme la meilleure source d'indépendance et d'hon-
» nêteté, mais encore comme le plus sûr moyen de nous rap-
» procher du Maître Suprême, de Celui qui assigne à tous les
» êtres leur durée et leur fonction. Nos plus grandes œuvres
» sont celles qui témoignent le mieux de l'existence de lois
» supérieures qui s'imposent à notre raison, à notre cons-
» cience et à nos sens. Il existe un plan général de l'univers,
» la science nous le dévoile, nos cœurs l'admirent et nos
» volontés s'y conforment. L'agriculteur obéit aux saisons et
» subordonne ses labours et ses semailles au cours du soleil,
» de la terre et de la lune : l'astronomie est son guide. —
» L'architecte suit les lois de la géométrie qui se révèlent au
» plus humble ouvrier au moyen de l'équerre et du compas,
» en même temps que le niveau et le fil à plomb lui indiquent
» celles de l'équilibre et de la gravitation.

» Si bâtir et planter sont les actes qui prouvent le mieux
» la supériorité de l'homme, ce sont aussi ceux où il est le
» plus esclave du temps, de la mesure et du nombre. L'as-
» tronomie, la géométrie et les mathématiques, sont des
» sciences indispensables pour l'édification de tout monument,
» pour la satisfaction de nos besoins ; elles nous font con-
» naître le mécanisme de l'univers, elles nous dévoilent
» l'avenir et nous révèlent l'inconnu ; ces sciences sont sa-
» crées en Maçonnerie ; elles constituent les dogmes sur les-
» quels repose notre croyance en Dieu, le Grand Architecte
» de l'Univers. L'instinct et l'instruction conduisent au même
» but ; le paysan, l'ouvrier, le marin, le philosophe, le sa-
» vant, le poète, tous les travailleurs en général sont les
» hommes les plus croyants.

» N'oublions donc pas que nous avons construit un temple ;

» appliquons-nous à lui conserver le caractère inhérent à
» cette dénomination. Les monuments religieux sont ceux
» dans lesquels se résument les traditions et les aspirations
» de l'humanité, ses souvenirs et ses espérances. Des géné-
» rations disparues, des empires détruits et des races éteintes
» il nous est resté des temples et des autels. Les livres qui
» durent le plus, sont ceux que la foi religieuse protége.
» Outre la Bible, mère de quatre cultes encore florissants et
» où la Maçonnerie puise des enseignements, les livres sacrés
» de l'Inde et de la Chine semblent dire, par leur antiquité,
» qu'avec l'idée de Dieu on peut défier les ravages du temps.

» Les manifestations du sentiment religieux, loin d'être
» arrêtées par le progrès, le suivent partout. A la dernière
» exposition universelle, la religion était représentée et des
» missionnaires de divers cultes y faisaient de la propagande.
» Le développement des écoles, des musées, des palais in-
» dustriels, des chemins de fer et des canaux produit la mul-
» tiplication des églises, des synagogues, des mosquées et
» des temples protestants et Maçonniques.

» Que ces derniers surtout enseignent au monde l'idée
» d'un Dieu unique et invisible qui repousse également le fa-
» natisme et la superstition. Que sous nos voûtes on adore ce
» Centre vers lequel convergent et d'où émanent toutes les
» lois immuables, éternelles et bienfaisantes qui régissent les
» mondes. Enseignons à nos adeptes et aux profanes que
» l'homme ne peut rien de beau et de bien s'il prend son ca-
» price pour guide, tandis qu'il accomplit des miracles et des
» merveilles en obéissant aux lois qu'il n'a point faites, en s'as-
» sociant aux forces qui l'environnent. A l'homme qui cher-
» che par le travail à pénétrer les secrets de la nature, Dieu
» livre le feu du ciel qu'il refusa à l'orgueilleux Prométhée
» et lui permet de le convertir en messager fidèle et rapide
» de sa pensée.

» Gloire et bonheur, vérité et justice partout et pour tous

» avec l'aide de Dieu. — La fraternité universelle sera la
» mise en pratique de ses décrets et la conséquence de notre
» foi en lui. Il est l'architecte des mondes, nous sommes ses
» ouvriers ; il fit du travail notre constante obligation ; nous
» espérons de sa bonté notre meilleur salaire.

» Le monument que nous inaugurons marque un progrès
» notable dans cette instinctive ambition de construire qui
»anime toutes les sociétés travailleuses et à laquelle se livre
» la Maçonnerie, surtout depuis l'initiative du G∴ O∴
» Combien ils sont dépassés ces temps, si rapprochés cependant,
» où les Maçons se réunissaient autour de trois chandeliers et
» d'un tableau placés par terre ! Ce simulacre de loge, porta-
» tif et facile à cacher, convenait à l'époque où la Maçonnerie
» n'était pas seulement une société symbolique, mais bien une
» véritable société secrète.

» Profitons des facilités que nous offre la société nouvelle.
» Du zèle, mes frères, et ne croyons pas notre mission termi-
» née par l'édification d'un temple. Le monde profane nous
» donne l'exemple d'une marche en avant que nous n'avons
» guère qu'à seconder en certains points. — La tolérance
» pour les opinions, l'indulgence pour les fautes, l'égalité
» des droits et des conditions entrent dans les mœurs publi-
» ques ; — la fusion des races, la solidarité des intérêts, l'en-
» tente entre les nations paraissent de plus en plus possibles
» tous les jours. — L'instruction répandue à profusion a
» vaincu les partisans de l'ignorance et s'approprie aux droits
» et aux intérêts des hommes.

» Tels sont précisément les résultats que nous poursuivons.
» Mais le progrès est une tâche éternelle ; car la perfection
» est dans l'infini du temps et de l'espace. Soyons la phalange
» pacifique et infatigable de cette grande œuvre ; ce que ré-
» clament le plus les hommes de notre temps, c'est la paix et
» l'union ; travaillons, par nos préceptes et notre exemple, à
» leur procurer ce bienfait.

» Enfin, rendons par nos travaux ce temple agréable à
» Dieu et utile à nos semblables.

» Remercions et félicitons les ouvriers qui l'ont construit.
» Saluons les visiteurs qu'il abrite pour la première fois;
» invitons-les à nous donner à l'avenir leur précieuse collabo-
» ration, en les assurant d'avance de nos sentiments les plus
» dévoués et les plus fraternels. »

La L∴ remercie l'orateur par une tr∴ batt∴ de joie.

Le F∴ HERMITTE procède à l'installation du T∴.. —
Il fait apporter à l'Or∴ par le M∴ des Cér∴ les instruments de travail qui paraissent le plus à propos, et qui
sont l'*Équerre*, le *Compas*, la *Règle* et le *Glaive*.

Sur l'invitation du F∴ HERMITTE, le F∴ Orat∴
donne lecture de l'article 3 de la Constitution, ainsi
conçu :

« *La Franc-Maçonnerie considère le travail comme
une obligation impérieuse de l'humanité; elle l'impose à
chacun selon ses forces, et proscrit en conséquence l'oisi-
veté volontaire.* »

« — *Le travail en effet est un droit et un devoir pour*
» *l'homme, ajoute le F∴ HERMITTE, — c'est par le tra-*
» *vail qu'il se rend indépendant et libre devant ses sem-*
» *blables, tout en leur rendant service et restant soumis à*
» *Dieu. — Qui travaille prie. — La* Règle, *l'*Équerre *et le*
» *Compas doivent guider l'intelligence et la volonté, comme*
» *ils guident les sens et les organes.* »

Quant au *Glaive*, le F∴ Orat∴ explique ainsi sa présence parmi les instruments de travail :

« *Le Glaive est le symbole de l'honneur, à la condition*
» *de protéger l'homme de bien et ses œuvres contre la fraude*
» *et la violence. Pour les Maç∴, le Glaive est la sanction*
» *de la loi, sans laquelle nulle société n'est possible; il est*

» *la garantie de la paix, que les méchants cherchent tou-*
» *jours à troubler et qui est le but principal des sociétés.*
» *Opposé au poignard de l'assassin et au sabre du conqué-*
» *rant, le Glaive a sa place auprès des symboles du travail.*
» *puisqu'il représente la sécurité.* »

Le F∴ M∴ des Cér∴ allume l'encens, et le F∴ HERMITTE dit :

« *De même que cette vapeur s'élève vers le ciel, et que ce*
» *parfum se répand dans cette enceinte, nos pensées et nos*
» *sentiments peuvent monter jusqu'à Dieu et embrasser*
» *toute l'humanité, si nous allumons dans nos cœurs ce*
» *feu sacré qu'on appelle l'amour du bien et de nos sem-*
» *blables.* »

A ce moment, la Col∴ d'Harmonie exhale les suaves accords d'une musique dont le caractère grave et paisible est en rapport avec la solennité du jour et de l'heure présente.

Le F∴ HERMITTE fait inviter par les FF∴ 1er et 2º Surv∴ les FF∴ rangés sous leur Col∴ à se joindre à eux et à lui pour inaugurer comme Ate∴ et comme T∴ le nouveau local Maç∴.

Tous les FF∴ se tiennent debout et à l'ordre, et ainsi parle le Délégué du G∴ O∴ :

« *Mes FF∴, élevons nos cœurs vers la source du bien et*
» *de la vérité, vers le Régulateur Suprême des Mondes, vers*
» *l'Autorité Souveraine d'où émanent ces lois sublimes que*
» *l'étude fait découvrir, et dont les applications plus éten-*
» *dues constituent le progrès. Consacrons ce T∴ au G∴*
» *A∴ de l'U∴. L'ignorant le méconnaît, l'homme vicieux*
» *le blasphème, le Franc-Maçon le proclame et l'honore.*
» *Que de cette L∴ la Maç∴ répande son enseignement*
» *et ses bienfaits, qu'elle rayonne au Midi, au Nord, à*

» *l'Occident et à l'Orient, en s'appuyant sur cette croyance,*
» *seule éternelle et universelle, la croyance en Dieu et en*
» *l'immortalité de l'âme.* »

Puis la consécration se fait dans les termes suivants :

« *Au nom du G∴ O∴ de France, le T∴ élevé par la*
» *Maç∴ Périgourdine ayant été reconnu juste, parfait et*
» *à couvert, est inauguré à l'O∴ de Périgueux, ce 4ᵉ J∴*
» *du 5ᵉ M∴ de l'an de la V∴ L∴ 5869. Nous faisons des*
» *vœux ardents pour le bonheur des Maç∴ qu'il abritera*
» *et pour la prospérité de leurs Trav∴ — A moi, mes*
» *FF∴, par le signe, la tr∴ batt∴ et l'acclam∴* »

A la suite d'une chaleureuse réponse à cet appel, la
Col∴ d'Harmonie fait entendre de nouveau ses accords.
La clôture des Trav∴ du G∴ O∴ de France est prononcée par le Vén∴ F∴ qui vient de présider à la cérémonie d'inauguration ; une tr∴ batt∴ succède ; le Vén∴
F∴ membre du Conseil de l'Ordre se félicite d'avoir
été délégué par le G∴ M∴ pour l'installation de la R∴
L∴, puis il remet au Vén∴ Titul∴ le maillet de direction, et prend place lui-même à droite du Trône.

En recevant le maillet et les insignes du Vénéralat,
le F∴ GAILLARD remercie le F∴ HERMITTE d'avoir
accepté la présidence d'une partie des Trav∴ du jour,
et de les avoir dirigés avec autant de dévouement que
de science Maç∴ La L∴ s'associe avec un ensemble
parfait aux remerciements exprimés par son Vén∴

Les Trav∴ de l'At∴, suspendus par les Trav∴ du G∴
O∴ de France, reprennent force et vigueur. Le Vén∴
les commence par un morceau d'architecture, salué
d'applaudissements unanimes. C'est l'expression d'une
reconnaissance fidèle où ni les personnes, ni les choses

3

ne sont oubliées, et l'affirmation tour à tour ferme et
douce des principes, de l'objet, du but de la Maç.˙.

Voici l'œuvre du Vén.˙. F.˙. GAILLARD :

« TT.˙. CC.˙. FF.˙.,

» C'est une belle fête que nous célébrons aujourd'hui : belle
» non-seulement pour les Maçons de l'Orient de Périgueux,
» mais encore pour toute la grande famille Maçonnique. — Et
» ils l'ont bien compris ainsi, tous ces Frères délégués qui,
» s'arrachant à leurs occupations profanes, ne calculant ni la
» distance ni la fatigue, sont venus, par leur présence,
» vous donner une preuve de leur sympathie, et rehaus-
» ser l'éclat de notre cérémonie ; c'est bien ainsi qu'il l'a
» compris, ce frère à qui les éminentes qualités dont il est
» doué ont mérité l'estime et l'affection du monde profane,
» comme ses vertus Maçonniques lui ont mérité les plus hau-
» tes dignités de notre ordre ; je n'ai pas besoin d'insister,
» F.˙. Hermitte, tous ici connaissent et apprécient votre
» belle intelligence et vos nobles sentiments.

» Oui, mes Frères, c'est un bien beau jour pour la Maçon-
» nerie, que la consécration d'un Temple Maçonnique. L'an-
» née qui vient de s'écouler a été féconde en fêtes de cette
» nature : à Lyon, à Toulouse, à Bordeaux, au Hâvre, des
» temples ont été construits ; mais presque partout l'érection
» de ces temples a été due au concours de plusieurs loges.

» Ici, au contraire, nous sommes seuls ; c'est avec nos seu-
» les ressources que s'est élevé ce monument que tout le
» monde admire. Mais c'est que dans notre Orient, je suis
» heureux et fier de vous rendre ce témoignage, la foi Ma-
» çonnique est ardente, et on ne marchande pas le dévoue-
» ment ; je n'ai eu qu'à faire un signe pour faire surgir ce
» désintéressement et ce zèle, grâce auxquels nous avons pu
» commencer et mener à bonne fin notre grande entreprise.

» Pour moi, mes Frères, qui n'ai eu que le faible mérite
» de fournir à votre foi Maçonnique l'occasion de se manifes-
» ter, je n'en remercie pas moins le Grand Architecte de
» l'Univers, de m'avoir fait cette joie immense d'avoir, pen-
» dant mon vénéralat, vu poser la première pierre du Tem-
» ple et sa consécration.

» Et vous, Frères ouvriers, qui, négligeant vos intérêts
» profanes, avez travaillé avec tant de zèle à la construction
» et à l'ornementation du temple, Frères Peyrot, Dumon-
» theil, Brouilhet, Gothard, Renaudie et Cordelier, recevez
» la juste récompense qui vous est due par l'expression publi-
» que de notre reconnaissance.

» Parmi vous cependant, il en est deux qui méritent une
» mention toute spéciale, et dont les noms doivent se graver
» dans le cœur de tous les Maçons qui m'entendent; ce sont
» les Frères Eyssalet et Lambert.

» Le premier, bien que nos ressources fussent bien faibles,
» s'est offert comme entrepreneur des travaux ; il a mis à no-
» tre disposition, non-seulement son temps et son travail,
» mais encore son crédit et ses capitaux ; il nous a fait, en
» même temps, des conditions si douces, qu'il nous a été
» permis d'entreprendre ce grand travail. Vous avez eu con-
» fiance, Frère Eyssalet, et, grâce au ciel, cette confiance ne
» sera pas déçue, car bientôt, je l'espère, la L∴ aura dégagé
» votre responsabilité.

» Le second, tout jeune encore dans la Maçonnerie, s'est
» dévoué avec amour à l'accomplissement de la tâche qu'on
» lui avait confiée. Vous en êtes récompensé, Frère Lambert,
» car tous admirent le goût exquis et le remarquable talent
» de celui qui a présidé à l'édification du temple.

» J'ai dit du temple ; ai-je bien le droit de me servir de ce
» mot? Non, répondent nos détracteurs ; car un temple est un
» lieu consacré à un culte religieux. Ah! s'il en est ainsi, si
» cette définition est rigoureusement exacte, n'appelons pas

» des temples les lieux de nos réunions ; nous ne sommes pas, en
» effet, une secte religieuse, nous ne sommes ni fanatiques ni
» intolérants ; nous honorons le Grand Architecte de l'Univers,
» nous proclamons cette sublime croyance de l'immortalité de
» l'âme, source suprême de consolation et d'espérance. Mais
» que nous importent les divergences des cultes, nous les res-
» pectons tous quand ils sont sincères, et pour tous nous
» avons le même accueil. Nous sommes bien plus qu'une secte
» religieuse, nous sommes les apôtres d'une idée qui a pour
» base la raison, pour but la vérité, et qui n'emploie comme
» moyens de propagande que l'abnégation et le dévoue-
» ment.

» Appelons donc nos Loges des temples, car rien, plus que
» la Maçonnerie, n'a le droit d'en avoir. La Maçonnerie,
» phare lumineux, dont l'ignorance et l'envie peuvent bien
» quelquefois ternir l'éclat, mais qui doit forcément triom-
» pher de tous les obstacles, et porter la lumière sur toute la
» surface du globe.

» Laissons donc nos détracteurs nous attaquer ; ne répon-
» dons à leur violence que par le calme et la modération ;
» prouvons, par notre conduite dans le monde profane, qu'on
» nous calomnie, et vengeons-nous de nos ennemis en leur
» tendant la main s'ils ont besoin de nous ; en agissant ainsi,
» les vaines clameurs du dehors viendront se briser sur les
» murs de nos Temples, comme les vagues de la mer se bri-
» sent sur les rochers qui la bordent.

» Mais ce n'est pas tout, mes Frères, et notre rôle ne se
» borne pas à affirmer la Maçonnerie en construisant des
» Temples ; il faut surtout que le monde profane nous connaisse
» par le bien que nous faisons.

» De grands problèmes sociaux agitent le monde profane :
» l'instruction, le paupérisme, le travail ; il ne faut pas qu'ils
» soient résolus en dehors de la Maçonnerie et de sa salutaire
» influence.

» Nous ne sommes pas des tribuns, notre rôle n'est pas de
» faire du bruit autour de nous ; mais il n'en est pas moins
» considérable. Notre action, toute modeste qu'elle est, ar-
» rive à son but comme la goutte d'eau qui, en tombant tou-
» jours, finit par user le roc. Souvenons-nous, mes Frères,
» que bien des siècles avant qu'elle fût proclamée dans nos
» lois, l'égalité parmi les hommes était proclamée chez nous; la
» fraternité doit avoir le même sort. Quand les Loges seront
» nombreuses comme les épis de blé, quand la Maçonnerie
» pourra porter partout son flambeau civilisateur, alors, non-
» seulement les hommes d'une même nation, mais tous les
» peuples se tendront fraternellement la main, et nous ne
» verrons plus cet affligeant spectacle de ces luttes barbares
» qui s'appellent tantôt émeute, tantôt bataille ; il n'y aura
» plus de rivalité que celles du dévouement et de l'intelli-
» gence, pour augmenter le bien-être de tous ; et alors nous
» verrons, sans tiraillements et sans secousses, paraître à
» l'horizon, pour briller bientôt de tout son éclat, le dernier
» mot de notre sublime devise : la liberté.

» Je m'arrête, mes Frères ; je laisse à des voix plus auto-
» risées que la mienne le soin de vous développer quelques-
» uns de nos grands principes ; mais avant, qu'il me soit
» permis d'être l'interprète de la Loge de Périgueux, pour
» témoigner à nos Frères, Délégués ou Visiteurs, toute la joie
» que nous éprouvons à les voir orner nos colonnes.

» Puissent-ils emporter un souvenir ineffaçable de cette
» journée, où il nous est permis de resserrer ces doux liens
» d'affection qui nous unissent.

» Puissent-ils enfin éprouver dans ce jour un bonheur égal
» à celui qu'ils nous procurent ! »

Ce morceau couronné par une tr.·. bat.·., une dépu-
tation de sept Membres, armés d'Étoiles, fait son entrée
dans le T.·., suivie de la Com.·. précédemment nommée

pour rédiger une adresse et offrir au Vén.˙. un cordon de R.˙. C.˙., votés dans la séance du 8 juin 5869.

La Com.˙., les FF.˙. debout et à l'ordre, se rend au pied du trône, où elle présente le cordon et l'adresse. L'un de ses membres, l'app.˙. F.˙. MAGNE, délégué par la Com.˙., lit au Vén.˙., F.˙. GAILLARD, l'adresse revêtue de la signature de tous les Maç.˙. actifs appartenant à l'Ate.˙., et dont voici le texte :

La R.˙. L.˙. les Amis Persévérants et l'Etoile de Vésone réunis, au T.˙. C.˙. F.˙. Gaillard, son Vén.˙.

« T.˙. C.˙. V.˙..

» Dans sa tenue du 9 Tammouz (18 juin 1869, E.˙. V.˙.) » sur la proposition du V.˙. F.˙. qui occupait le trône pendant » votre absence momentanée, la R.˙. L.˙. *Les Amis Persé-* » *vérants et l'Etoile de Vésone réunis* a décidé, à l'unani- » mité et par accl amation, que le cordon de Rose-Croix vous » serait offert, et qu'une adresse vous serait remise, le jour » de l'inaugur.˙. du T.˙. Maç.˙.

» Recevez donc, en ce jour heureux, T.˙. C.˙. V.˙., ce » double témoignage de la reconnaissance et des sympathies » de vos F.˙. : Vous avez hâté ce jour d'allégresse par le zèle » intelligent et par le dévouement cordial, qui sont tradition- » nels à Périgueux, dans l'exercice du Vénéralat.

» Le cordon que vous porterez durant les heures qui appar- » tiennent aux travaux du R.˙. Ate.˙., nous rappellera les » heures présentes, trop promptes à passer; l'adresse, que vous » aurez sous les yeux dans l'asile de vos méditations, vous en » gardera le cher souvenir. Vous y lirez les noms de tous les » FF.˙. que vous avez consacrés, ou que vous avez trouvés » sous les colonnes, en prenant le maillet de direction.

» Ces noms vous présentent un nouveau gage de la durée

» de notre mutuelle entente, de nos communs efforts : *Novum*
» *perennitatis pignus*. Tous, nous serons heureux et fiers,
» T∴ C∴ V∴, de contribuer avec vous, dans l'avenir, à l'é-
» dification du temple moral, dont ce temple matériel est le
» glorieux symbole.
   » O∴ de Périgueux, le 25 Tammouz 5869 (V∴ L∴). »

(Suivent les signatures de 170 membres de l'At∴)

La lecture de l'adresse achevée, le F∴ Exp∴ rem-
place le cordon que porte le Vén∴ par celui qui vient à
titre gracieux de la R∴ L∴ Cet échange se fait aux
acclamations sympathiques de l'assemblée entière; nul
en effet n'ignore que les sentiments exprimés dans
l'adresse sont ailleurs que sur un papier fragile et
périssable, et que ces hommages libres, partis de tous
les cœurs, sont mérités par des habitudes Maç∴ où la
délicatesse du tact n'a rien à envier à l'énergie de
l'effusion, par une vigilance dont l'exercice n'a jamais
besoin d'être sollicité.

Le Vén∴ remercie en quelques mots tous ses FF∴;
mais son bonheur est si vrai, son émotion si vive, que
ses yeux se remplissent de larmes, et que les sanglots
arrêtent sa voix. La sincérité de cette émotion est
communicative, elle gagne les assistants; des larmes
répondent à celles du Vén∴; on est sous l'influence
d'une minute précieuse, on conçoit les inexprimables
délices de la fraternité. Le souvenir et du cordon et de
l'adresse sera gardé toujours et par ceux qui ont offert,
et par celui qui a reçu.

Les FF∴ reprennent leur place, et la parole est donnée au F∴ Orat∴ — Caractériser les bienfaits de
l'Ordre Maç∴ dans ses rapports avec les institutions
civiles, et particulièrement son action propre à dissiper
les ténèbres de l'ignorance, telle est la tâche ardue que

le F∴ MILLET-LACOMBE s'était imposée, et qu'il a remplie aux applaudissements réitérés de l'une et de l'autre Col∴

Voici la brillante pièce d'architecture émanée du F∴ Or∴, et acclamée par une tr∴ batt∴ de joie :

« M∴ FF∴,

» On se fait, il en faut convenir, dans nos loges elles-» mêmes, une idée trop souvent imparfaite de l'action maçon-» nique.

» Les uns, envisageant l'institution sous ses dehors maté-» riels, la considèrent à l'égal d'une société choisie, dont les » membres s'estiment, s'aiment entre eux et se doivent une » réciproque assistance.

» Les autres voient dans ses principes l'antagonisme de ce » qu'ils jugent erreur en politique ou en religion, et vou-» draient asservir ses doctrines à leurs sentiments personnels.

» D'autres, enfin, se plaçant dans une sphère moins étroite » et plus noble, la regardent comme l'initiatrice féconde du » progrès humain. A leurs yeux, elle devient un flambeau.

» Ces derniers seuls, à mon sens, voient juste.

» Je me propose, si votre bienveillance veut le permettre, » de l'envisager sous cet aspect, et d'interroger la tradition » maçonnique en France. L'empreinte de ses dogmes, sur » nos institutions civiles, révèle le secret de la considération » que le monde profane ne sait plus refuser à notre ordre, et » de l'autorité légitime et toujours croissante que lui réserve » l'avenir.

» Le flambeau symbolique deviendra, n'en doutez pas, le » phare de la société dans les tourmentes.

» Sa lumière dirige ! Sa lumière échauffe ! Sa lumière as-» sainit ! »

» Ma thèse est vaste et ardue. Il m'arrivera de cotoyer, » souvent, la politique, mais rassurez-vous ! les grandes

» lignes sont sans écueils; j'éviterai les ardeurs passionnées
» de la politique militante, et la franchise de ma parole ne
» froissera, je l'espère, les sentiments d'aucun de vous.

» Mais, M∴ FF∴, qu'il me soit, avant tout, permis de
» suivre un élan sincère, et, en maçon justement fier de son
» ordre, de m'écrier :

» Honneur au lien maçonnique!

» FF∴ de tous Orients !

» N∴ C∴ Vén∴, au nom de l'At∴ qu'il dirige avec une
» si grande distinction et un si complet dévouement, vous ex-
» primait la cordiale reconnaissance de la loge de Périgueux.

» Il est légitime de faire remonter cet hommage au lien
maçonnique. Votre concours, en effet, est un symbole .

» Il veut dire union !

» Il veut dire unité !

» Dans cette guirlande de maçons, de tous âges, de toutes
» conditions, de tous Or∴, j'aperçois l'image vivante de la
» chaîne allégorique qui nous relie et nous enlace de ses an-
» neaux fraternels.

» Union des cœurs !

» Unité de principes !

» Attrait et puissance de la franc-maçonnerie !

» Je confirme, M∴ FF∴, la gratitude de la loge de Péri-
» gueux, mais je redis encore :

» Honneur au lien maçonnique!

» M∴ FF∴,

» La franc-maçonnerie fut importée d'Angleterre en France,
» au commencement du xviiie siècle. Elle n'avait été, jusqu'à
» cette époque, dans notre pays, qu'une espèce de compagnon-
» nage. Des ouvriers constructeurs, des artistes habiles à
» fouiller la pierre, parcouraient les provinces, et, se recon-
» naissant à l'aide de signes et de paroles, se prêtaient une
» mutuelle assistance. Leurs œuvres, empreintes du caractère

» mystique particulier au moyen-âge, témoignent de la foi
» qui les animait.

« Des travaux tout récents, dit Michelet, ont établi ce fait très-impor-
» tant, que l'architecture ogivale, celle qu'on dit proprement gothique,
» est due tout entière aux laïques, au génie mystique des maçons.
» Leur signe, continue le célèbre historien, aussi ancien que la Germanie,
» c'était le marteau de Thor. Du marteau païen sanctifié dans leurs mains
» chrétiennes, ils continuaient, par le monde, le grand ouvrage du temple
» nouveau, renouvelé du temple de Salomon. »

» Le sentiment religieux est le trait principal du compa-
» gnonnage. Le compagnon traduit sa foi sur la pierre et s'i-
» dentifie à son œuvre ; auxiliaire laborieux de l'idée chré-
» tienne, il se résume dans l'art dont il dote le temple de son
» Dieu.
» C'était bien une sorte de franc-maçonnerie, mais non pas
» notre franc-maç∴ avec son caractère dogmatique, se mou-
» vant dans les sphères spéculatives, et qui éclaire de ses
» graves et salutaires enseignements les voies du progrès.
» Celle-ci, à son avénement, trouva la France sortie des
» convulsions du moyen-âge, et l'unité française définiti-
» vement constituée. L'heure était propice ! Nos principes
» résumaient les aspirations épurées de la philosophie du
» XVIIe et surtout du XVIe siècle, et la nation s'éveillait du
» long sommeil dont elle avait dormi sous son vieux roi.
» Vous le savez, la France de Louis XIV était devenue la
» grande nation ; mais la grande nation muette sous le frein
» de fer qui la gouvernait. Le despotisme avait tari les plain-
» tes patriotiques ; on n'entendait plus que des fanfares ; la
» muse consacrait ses chants à célébrer les louanges du roi
» Soleil.
» Il est, M∴ FF∴, dans la vie des peuples comme dans
» celle des hommes, des heures de somnolence, calme profond
» qui succède d'ordinaire aux grandes épreuves, aux grands
» enfantements ou aux grandes déceptions.

» A l'aube maçonnique, la France sortait, dis-je, de sa
» léthargie, et dans la révolution politique et sociale qui va
» s'opérer, nous verrons l'attrait puissant, irrésistible des
» dogmes nouveaux.

» La grande nation, grande dans sa majestueuse unité, est
» bien petite si on la considère au point de vue social. Dans
» cette organisation, on cherche le droit et on rencontre le
» privilége. La dignité humaine souffre, est blessée. De toutes
» parts, l'injuste.

« Deux choses, écrivait le marquis d'Argenson, seraient principalement
» à souhaiter pour le bien de l'État : l'une que tous les citoyens fussent
» égaux entre eux, l'autre que chacun fût fils de ses œuvres. »

» Ce programme, partout on le formule. Montesquieu le
» trace avec mesure dans l'*Esprit des Lois;* Rousseau le dé-
» veloppe avec les sophismes du *Contrat social.* Un souffle
» novateur traverse le pays. La revendication austère se vul-
» garise, le sens prophétique évoque de vieux refrains :

» O noblesse, o clergé, les aînés de la France,
» Puisque l'honneur du roi, si mal vous maintenez,
» Puisque le tiers Etat, en ce point vous devance,
» Il faut que vos cadets deviennent vos aînés.

» La philosophie du xviiie siècle porte dans ses flancs le
» droit et la justice. La Franc-Maç∴, son auxiliaire et sa
» compagne, les compléte avec le dogme de la fraternité.

» L'étendard radieux vers lequel convergent toutes les as-
» pirations saintes, quel est-il donc ?

» Le nôtre, M∴ FF∴

» Egalité et justice ! — Travail et liberté ! — Fraternité
» et tolérance !

» Antithèses sublimes !

» Le niveau, l'équerre et le compas ! Et tous ces instru-
» ments deviendront la formule de la rénovation politique et

» sociale ; le dogme Maç.·. sera codifié en une trinité vivante,
» pour devenir la loi des peuples.

» Aussi, a-t-on pu dire, pour ne le leur point pardonner,
» que nos principes seuls ont fait la révolution française. Je
» crois volontiers que la Franc-Maç.·. en a tout au moins fa-
» cilité et hâté l'avénement.

» A sa venue d'Angleterre, la Maç.·. s'offrait sous de puis-
» sants patronages. Elle était précédée d'une immense considé-
» ration. « Dans ce pays, assure le F.·. Bouillez, on la tenait
» pour signe de noblesse. Dès le xiiie siècle, nul ne pouvait
» être grand d'Angleterre sans appartenir à l'art royal. Ce
» fut avec l'équerre et le compas qu'Henry VIII posa la pre-
» mière pierre de l'abbaye de Westminster. »

» Lorsque le comte de Clermont, et, avant lui, le duc d'An-
» tin inaugurèrent, en France, le Maillet Maç.·., il y eut en-
» thousiasme. Les dogmes étaient séduisants. En France,
» comme en Angleterre, la qualité de Maç.·. allait devenir
» un gage de noblesse. De nobles marquis, de nobles ducs,
» grands du royaume, princes du sang, se faisaient honneur
» de vider la coupe frat.·. en compagnie de roture. Le niveau
» nivelait !

» C'était scandaleux !

» La réaction fut dès-lors inévitable. Les profondeurs des
» principes cachaient le plus vaste horizon !

» Une institution qui ne reconnaît d'autre souverain que le
» droit, qui mesure le mérite des hommes à la justesse du
» compas et les courbes sous le niveau d'une suprême égalité ;
» une institution qui proclame hautement la pleine indépen-
» dance de la pensée et la suprématie de la raison, qui
» consacre pour chacun la liberté de croire et de prier ;

» Une telle institution, dis-je, trop noble pour devenir vas-
» sale, trop fière pour se prêter à d'humiliants compromis, dut
» être, bientôt, considérée comme une nouveauté dangereuse
» et menaçante dans un pays de priviléges, où depuis des

» siècles les plus aveugles superstitions étaient vérités, où la
» liberté de conscience, la première et la plus sainte des li-
» bertés, était encore marchandée, tour-à-tour octroyée et
» proscrite.

» Les novateurs furent mis à l'index.

» Mais le germe était tombé en terre féconde. L'arbre
» devait croître sur ce sol généreux, et l'idée Maç.·. se faire
» torrent.

» En vain l'égoïsme autoritaire et jaloux, cette lèpre du
» cœur, étayée sur des abus séculaires, essayera de l'endi-
» guer. Il en est, M.·. FF.·., des idées vraies comme des
» torrents, on peut en modérer, mais on n'en arrête pas le
» cours.

» Et voyez d'ailleurs ! depuis cette époque à laquelle je re-
» porte votre pensée avec la mienne, que d'efforts dépensés
» en attaques stériles ! Que de peines perdues !

» La calomnie se brise sur le socle d'airain !

» La calomnie survit à ses défaites. Il semble que, pareille
» à la tête de l'hydre, elle se multiplie.

» Tout récemment encore, ne l'avons-nous pas vue oser une
» nouvelle croisade. Le fanatisme insensé, il vous en souvient,
» signalait nos loges à l'exécration publique, comme des
» foyers pestilentiels « où se couvaient des vices abominables. »
» Ces insanités se produisaient en ce style béat et venimeux,
» que je ne saurais imiter, et que, par décence, je n'ai garde
» de vouloir reproduire.

» Dans ce temple de la concorde, tout sentiment de repré-
» sailles doit être loin de mon cœur. Mais mon langage s'a-
» dresse au fanatisme et n'atteint pas une institution dont
» tous, ici, nous savons respecter la noblesse et la majesté. Eh
» bien ! à considérer ce zèle si souvent malheureux et trop
» souvent aveugle, l'esprit, par un juste retour, se reporte
» vers les plus néfastes souvenirs de notre histoire.

» Le maître avait dit :

» Aimez-vous les uns les autres.

» Et sa religion a servi parfois de prétexte et d'instrument.
» Sous son manteau, les clercs ont dissimulé des desseins
» politiques. Le linceul du Christ est devenu le drapeau san-
» glant des fureurs de parti.

» Dans son passé, notre ordre n'a pas de ces néfastes sou-
» venirs. Son action a été tout entière de concorde et de paix;
» la propagation pacifique des dogmes de fraternité universelle,
» de solidarité humaine, de souveraineté de la raison, d'éga-
» lité des hommes.

» Ces conceptions hardies en d'autres temps, utopies de la
» veille, sont devenues la charte des peuples modernes, et toutes
» les nations civilisées à la suite de la France, qui s'en est fait
» le propagateur et l'apôtre, les ont inscrites sur les tables de
» leur loi.

» Tel est l'auxiliaire du passé !

» Les Maç.·., M.·. FF.·., pour le triomphe de leurs idées
» les plus chères, n'eurent jamais recours à des moyens vio-
» lents, non plus qu'à des trames ténébreuses ou à d'obscurs
» complots. Un amour ardent de l'humanité, la plus éclatante
» loyauté de ses enseignements, la pureté sublime de sa mo-
» rale sont les seuls instruments de conquête de la Franc-
» Maç.·.; son glaive est un symbole comme le glaive de l'Ar-
» change.

» La Maçonnerie fut engloutie avec toutes choses dans le
» tourbillon fiévreux. Le drapeau fraternel de 89, voilé par
» la colère, disparut dans les impatiences sanglantes de 93.
» Mais le dogme restait debout, nos pères l'ont recueilli et
» vaillamment défendu.

» Vous savez, tous, la fameuse légende :

» 89 terrasse et régénère le vieux monde. Le vieux monde
» avait osé lui jeter un défi.

» Je n'ai pas, M.·. FF.·., à interroger plus avant la tradi-
» tion. Les grandes lignes, comme je le disais, suffisent à

» montrer les rapports de notre ordre avec les institutions
» civiles. Nos principes, parfois mutilés, rétrécis, à l'état
» d'embryons, sont les assises sur lesquelles s'édifient les
» civilisations modernes. Notre ordre est donc un grand
» initiateur.

» L'œuvre n'est qu'une ébauche !

» Le xviiie siècle a tracé le sillon. Il appartient au xix^e
» de le féconder.

» Ici, M∴ FF∴, l'action Maç∴ élargit sa sphère. Ap-
» puyé sur ses principes qui en sont comme l'axe et le pivot
» régulateurs, notre ordre projette ses rayons de lumière
» dans la mêlée confuse des doctrines diverses, rêveries déce-
» vantes ou conceptions salutaires.

» Ici encore, luttes acharnées contre l'erreur avec son cor-
» tége de calamités et de dupes ! Eternel combat que livrent
» la science et la sagesse.

» Nous n'avons pas, comme nos pères, un monde à renver-
» ser ; nous n'avons pas, comme eux, à détruire une Bastille,
» ce monument baigné de larmes ; mais nous avons, en face
» de nous, un bastion formidable, il s'appelle l'ignorance !

» Ignorance qui laisse l'homme en proie aux plus funestes
» séductions de la convoitise !

» Ignorance de ses droits qui le conduit aux plus tristes dé-
» faillances et aux plus humiliantes abdications !

» Ignorance de ses devoirs qui le pousse aux plus doulou-
» reux, comme aux plus regrettables excès !

» L'ignorance, c'est la nuit avec les visions et les rêves, les
» fantômes et les feux-follets. Le flambeau dissipe les songes
» et fait évanouir les spectres.

» Les spectres, M∴ FF∴, sont, dans l'ordre social, ces
» craintes insensées de l'avenir qui, servant de points d'appui
» aux abus, se placent comme une barrière sur les voies de
» l'humanité.

» Et les songes, les systèmes creux et sonores, panacée

» trompeuse de l'ignorance, les dénigrements sans justice et
» sans élévation, qui, trop souvent, hélas ! servent de prétexte
» à un apostolat menteur.

» Les doctrines surtout, qui s'insinuent à la faveur de de-
» hors philanthropiques, séduisent aisément l'esprit, parce
» qu'elles s'adressent au cœur. L'entraînement est facile, et le
» plus noble penchant devient, parfois, une visée d'exploita-
» tion et de trafic.

» Et on voit des hommes qui du philanthrope n'ont que le
» masque, Don Quichotte, sous couleur de bien public, courir
» le steeple-chase de l'ambition, oser toutes les témérités et
» toutes les aventures ! Exploiteurs de l'ignorance ! tout leur
» est prétexte ! les hommes et les choses, car tout est mal,
» alors que tout pourrait être bien.

» Leur rage est colère d'emprunt.

» Ils me font ressouvenir de cet homme dont Horace, avec
» sa fine ironie, trace en quelque endroit le portrait.

» Cet homme de bien qui stigmatise et sentencie, dirait le
» poète, trahira ses serments ! Vous le verrez parjure au gré
» de ses intérêts ! Le sacrifice qu'il fait aux dieux est une
» voie d'ambitieuse popularité.

» La vertu ! le bien ! le juste ! vaines formules ! Cet homme,
» dit un satirique, ressemble à ces jongleurs de probité qui
» s'imaginent que l'honneur est comme les ongles et qu'il re-
» pousse.

» De ces jongleurs-là, on en rencontre dans tous les mi-
» lieux.

» Le flambeau maçonnique dissipe ces fumées vaniteuses, et
» à sa lueur j'aperçois l'ambitieux dans sa déplorable nu-
» dité. »

Dès que le bruit de l'acclamation expire, le Vén.·.
annonce que le bien-aimé Vén.·. d'honneur, F.·. CHAR-
RIÈRE, a préparé un travail pour la Fête, et il le

prie de vouloir bien en donner communication à
l'At.˙.

Toute l'assemblée se dispose à entendre ce fidèle
représentant des vieilles et bonnes traditions Maç.˙., ce
Maître consommé dans l'art de les produire et de les
expliquer. On l'écoute avec un respectueux intérêt. Il
rajeunit le souvenir de l'Hiérophante interrogeant le
candidat des anciens âges, dont l'initiation est pro-
chaine; et, par une habile interprétation des mystères
d'Éleusis, il éclaire le sens des épreuves morales,
affrontées par les adeptes nouveaux.

Voici le travail du F.˙. Charrière, interrompu par de
fréquents *vivat*, et accueilli par une tr.˙. batt.˙., chaleureuse comme sa parole même :

« Mes FF.˙.

» Au milieu de vous, où des talents supérieurs se trouvent
» réunis, il y aurait quelque témérité à élever ma voix dans
» cette enceinte, si le seul désir de proclamer quelques vérités
» utiles, de vous exposer quelques principes généraux, sur
» lesquels repose notre institution, ne me servait tout à la
» fois d'encouragement et d'excuse.

» Daignez donc, vous tous qui m'entourez, accorder quel-
» ques instants de bienveillante attention à celui qui, depuis
» longtemps, assis au pied de la col.˙., a beaucoup vu, beau-
» coup entendu et en a conservé quelques heureux souvenirs.

» Le point principal, sur lequel se sont concentrées mes
» méditations et mes études, a toujours été de chercher à bien
» saisir les enseignements moraux et philosophiques qui res-
» sortent de notre institution. J'ai donc porté mes yeux sur
» le tableau déroulé par l'histoire des siècles, et, le cœur navré
» de tristesse, j'y ai vu le spectacle douloureux du combat
» perpétuel des passions aux prises avec l'esprit et les volontés

» de l'homme, se comprimant réciproquement, s'imposant
» sans cesse de cruels sacrifices, et réalisant les plus vives
» souffrances ou les plus honteuses dégradations.

» Ou bien, sans remonter dans le passé, j'ai vu s'établir
» autour de nous le conflit des intérêts individuels ou collec-
» tifs; la lutte des ambitions rivales; le choc des opinions
» hostiles. J'ai entendu avec effroi s'élever un cri lamentable:
» il sortait du sein des peuples livrés à l'ignorance, au despo-
» tisme, à la superstition. Je les ai entendus s'égorgeant sans
» pitié les uns les autres !!!...

» Et pourtant, cette guerre perpétuelle de l'homme avec
» lui-même, avec ses semblables, n'est pas la destinée fatale,
» invincible, que lui réserva *Dieu* sur la terre. Non, non,
» la terre, notre demeure, notre domaine, le G.·. A.·. ne
» l'a pas si richement parée de fleurs, ne l'a pas baignée dans
» les flots fécondants d'un soleil radieux, ne l'a pas envelop-
» pée d'un manteau d'azur constellé d'étoiles, n'a pas déposé
» dans son sein tous les germes de la fécondité pour qu'elle
» soit le triste théâtre des combats, des dissensions, des
» haines, des injustices, des spoliations et des massacres !

» Non, si l'homme, comme il faut le croire, est primitive-
» ment bon dans tout son être, dans son âme comme dans son
» corps, dans les passions essentielles de ses sens et de son
» cœur, dans les facultés de son intelligence ; que seulement
» les actes auxquels il peut être amené par ses désirs, ou par
» les impulsions qui résultent de son organisme, puissent être
» bons ou mauvais, profitables ou nuisibles, soit à l'individu,
» soit à la société, suivant les circonstances variables du mi-
» lieu dans lequel agissent ses forces impulsives.

» Il n'en est pas moins vrai qu'au milieu de ces fluctuations
» indécises, un flambeau, brillant d'une clarté pure et lim-
» pide, d'un éclat uniforme, s'élève ; c'est le guide qui conduit
» l'humanité dans sa marche progressive ; c'est la Maçonnerie,
» ce lien sympathique et secret, qui prépare lentement, mais

toujours, toujours, sans cesser jamais, l'union fraternelle,
» sincère des individus, des peuples et des races.

» Oh! oui ; tant qu'il existera des douleurs morales à sou-
» lager, des dégradations intellectuelles à faire disparaître,
» des passions égoïstes à réprimer, des foyers de haine à
» éteindre, la Maç.·. aura son empire et sa puissance, et
» toujours, sentinelle vigilante, elle restera debout !

» Et, en effet, planant au-dessus de toutes les théories,
» de tous les systèmes, ne reconnaissant d'autre morale que
» la morale universelle, d'autre tribunal que celui de la rai-
» son, la Maç.·. compte des hommes de dévouement dans
» tous les pays du monde ; elle poursuit sans cesse, sans se
» détourner jamais, la réalisation d'un idéal magnifique, où
» le malheur et la souffrance n'auront plus qu'une place im-
» perceptible. Et que l'on y songe bien, ce ne sont point ici
» des rêves chimériques. Si l'homme est doué de pouvoir
» quand il marche dans la voie du mal, pourquoi, mieux
» éclairé, ne marcherait-il pas aussi, d'un pas ferme et égal,
» dans le chemin du bien ? Non, il ne saurait être permis de
» nier la loi admirable du progrès, qui résultera constamment
» de l'accord de toutes les forces, de l'union de toutes les vo-
» lontés ; sainte croisade, qui réalisera le bel avenir réservé
» au monde, par l'être supérieur et souverain, qui plaça
» l'homme sur la terre, non pour y perpétuer les dissensions
» et la haine, mais pour y faire régner la justice et la sainte
» fraternité !

» Aussi, c'est vous que je salue, gymnosophistes du Gange,
» savants de la Chaldée, mages de la Perse, prêtres du Nil,
» philosophes de la Grèce, académiciens de l'antique Rome,
» druides des Gaules, vous tous enfin, hommes savants et
» lettrés, de toutes les nations, de tous les siècles et de tous
» les cultes, qui nous avez transmis, par une merveilleuse
» tradition, les principes des sentiments profonds et des hautes
» pensées !

» Combien d'utiles leçons, de réflexions touchantes et fortes
» n'offrez-vous pas à l'esprit qui sait vous consulter!

» O sages! je vous salue, par trois fois, trois !

» Si maintenant je veux m'adresser à vous, si j'invoque
» votre sagesse, qui fait la science de la vie, j'écoute et j'en-
» tends votre voix; elle me dit, au travers des siècles, ce que
» disait le grand hiérophante (1) au néophyte (2), en lui deman-
» dant : — Que veux-tu? — L'initiation Maç∴, lui répondit-il.
» — Sais-tu ce que tu désires, et à quel prix tu peux l'obtenir ?
» Il répondit : « — Nul sacrifice ne me coûtera. » Alors, le
» grand-prêtre lui dit : — Trois grands secrets vont t'être ré-
» vélés : — Le premier est de prolonger ta vie ; le second est
» le secret de faire de l'or, et le troisième est le génie créa-
» teur, qui excite l'admiration des hommes. — L'art de pro-
» longer la vie, lui répondit le néophyte, est de bien employer
» chacun des instants dont elle se compose ; le secret de faire
» de l'or, est de vivre exempt de besoins, et, au-dessus du
» génie qui excite l'admiration des hommes, le sage place la
» vertu, qui les encourage à pratiquer le bien (3).

» Le grand hiérophante lui dit alors : — Jeune élève de la
» sagesse, ton âme est au-dessus des basses convoitises ; et,
» après lui avoir fait monter les degrés de l'autel, accomplir
» les formalités du rituel, l'hiérophante lui posa une couronne
» de myrthe sur la tête, et lui dit :

« O toi qui viens d'être initié (4) à nos mystères, prête à
» nos accents une oreille attentive, et que ton âme s'ouvre
» aux mâles préceptes de la vérité; nous t'enseignerons le
» chemin qui mène à la vie heureuse, nous t'apprendrons à

---

(1) *Hiérophante*, celui qui révèle les choses saintes, de *iéros*, *saint ;* et
phaino, *je montre, je mets en lumière.*

(2) Néophyte, de *phuò*, je nais.

(3) Sol. Myst. voyag. Maç∴ indien aut∴ du monde.

(4) Initiés, *époptes*, d'Éptomai, j'examine, qui voit les choses sans voile.

» plaire au Tout-Puissant, dont le nom ineffable ne doit être
» prononcé qu'avec recueillement et respect, nous t'appren-
» drons à développer tous les moyens que la Providence t'a
» confiés pour te rendre utile aux hommes et vivre heureux
» toi-même; et alors, l'hiérophante ouvritle livre mystérieux
» intitulé : *Livre de Vie*, et, sur les premières pages, l'initié
» lut une partie de l'enseignement moral. philosophique et
» sacré.

» Ton premier hommage, disait-on, (1) appartient à Dieu ;
» adore l'Être suprême, qui créa l'univers par un acte de sa
» volonté, qui le conserve par un effet de sa bonté, qui remplit
» ton cœur, mais que l'esprit humain ne peut concevoir ni
» définir.

» Plains le triste délire de celui qui ferme les yeux à la
» lumière et marche au milieu d'épaisses ténèbres; mais sois
» tolérant, garde-toi de haïr ou de persécuter; la Divinité ne
» t'a pas confié le soin de venger ses injures (2).

» Elève souvent ta pensée au-dessus des êtres matériels
» qui t'environnent, et jette un regard de désir dans les ré-
» gions supérieures, qui sont ton héritage et ta vraie patrie ;
» car la vie terrestre, crois-le bien, n'est pas la fin de l'homme.
» *Assieds-toi donc au banquet de la vie, mais ne t'y ac-*
» *coude pas !*

» Si ton premier hommage appartient au grand architecte
» des mondes, le second revient à ta patrie ; tu dois la chérir

(1) Les maximes que nous citons sont tirées de Thalès, fondateur de la
secte Ionique ; de Socrate, fondateur de la secte Socratique ; d'Aristipe,
d'Euclide de Mégare ; de Phédon d'Elès ; de Platon; d'Aristote ; de Pytha-
gore ; de Xénophon; de Sénèque; d'Eraclite; d'Epicure, d'Antisthènes ;
de Zénon ; des sept Sages de la Grèce; des vers dorés attribués à Pytha-
gore ; de Confucius, etc., etc., etc.

(2) Alcibiade fut accusé d'avoir violé la sainteté des mystères, en les
imitant à la suite d'un repas licencieux; la prêtresse THEANO refusa de le
maudire, elle répondit : Je suis prêtresse *pour prier et bénir, et non pour
maudire au nom des dieux.*

» et l'honorer. comme un fils vertueux chérit et honore sa
» mère. Soumis aux lois de ton pays, sois fidèle au prince qui
» gouverne; rien ne saurait te dispenser de ces devoirs, quelle
» que soit la condition où le hasard t'ait placé, lors même que
» la patrie aurait été marâtre ou ingrate envers toi.

» Après avoir satisfait à tes devoirs envers Dieu, le prince
» et la patrie, considère ta famille : fils, époux et père, cha-
» cun de ces états comporte des obligations nombreuses et
» sacrées ; applique-toi à les remplir, elles te deviendront
» faciles.

» Pourrais-tu jamais oublier ce que tu dois aux auteurs de
» tes jours ? Dans l'âge mûr, honore et respecte ton père,
» mais rends surtout à ta mère, en égards et en tendresse.
» le prix des soins dont elle entoura ton jeune âge, et, s'il en
» est besoin, couvre leurs défauts du manteau filial, tu en
» seras béni !

» L'amour parle à ton cœur, élève de la sagesse, loin de
» toi les désirs corrupteurs, loin de toi les plaisirs faciles ; ne
» choisis pas ta compagne parmi les plus belles et les plus
» riches ; tâche d'obtenir la plus vertueuse ; efforce-toi ensuite
» d'être digne de l'avoir obtenue, car l'amour seul est le sa-
» laire de l'amour, et le vice ne peut sympathiser avec la
» vertu.

» Si le ciel a béni ton union, souviens-toi que l'enfant au
» berceau est un citoyen que la patrie te confie ; fais germer
» dans cette jeune âme le principe de toutes les vertus, c'est
» une noble tâche !

» Chef de famille, tu dois pratiquer et instruire cette nou-
» velle tribu ; F∴, un noble orgueil t'est permis : sois le
» premier de ta race, n'en sois pas le dernier ; n'oublie jamais
» le respect dû à la vieillesse, si tu veux, vieillard à ton tour,
» recevoir les hommages des jeunes hommes !

» Tout être souffrant a des droits sacrés sur toi ; n'attends
» pas que le cri douloureux de la misère te sollicite ; préviens

» et rassure l'indigence timide ; ne cherche pas le prix de ta
» bienfaisance dans les vains applaudissements, mais dans le
» suffrage tranquille de ta conscience.

» La bienfaisance ne consiste pas seulement à donner un
» peu d'or, *l'homme ne vit pas seulement de pain :* vois la
» misère impuissante de l'enfance, elle réclame ton appui; —
» considère l'inexpérience de l'adolescence ; elle sollicite tes
» conseils, — préserve-la des erreurs et des séductions qui la
» menacent; excite autant que tu le pourras, dans les jeunes
» cœurs, les étincelles du feu divin, du génie, de la vertu :
» aide à les développer pour le bonheur du monde ! honte à
» qui veut mettre la lumière sous le boisseau !

» Pardonne à ton ennemi, ne te venge que par des bienfaits :
» ce sacrifice généreux te procurera les plaisirs les plus purs,
» et tu deviendras la plus vive image de la Divinité; rap-
» pelle-toi que c'est le triomphe le plus beau de la raison sur
» l'instinct. Maçon, oublie les injures, mais jamais les bien-
» faits !

» N'abandonne pas tes yeux au sommeil avant d'avoir exa-
» miné par trois fois les actions de ta journée. Quelle faute ai-je
» commise? qu'ai-je fait? à quel devoir ai-je manqué? Com-
» mence par la première de tes actions, et parcours ainsi
» toutes les autres. Reproche-toi ce que tu as fait de mal,
» jouis de ce que tu as fait de bien (1).

» Médite sur les préceptes que je viens de te donner, travaille
» à les mettre en pratique, apprends à les aimer; ils te con-
» duiront sur les traces de la divine vertu, j'en jure par celui
» qui a transmis dans nos âmes le sacré Ternaire (2), source
» de la nature éternelle. »

(1) Cette maxime, digne de faire respecter les vers dorés, se trouve la 23ᵉ
de la série ; elle est transcrite littéralement.

(2) Chez les Pythagoriciens, la monade ou l'unité représente Dieu même,
parce qu'elle n'est engendrée par aucun nombre et qu'elle les engendre tous.
La dyade ou le nombre deux, est l'image de la nature créée, parce qu'elle est le

» C'était ainsi que dans le Grand-Livre sacré présenté par
» l'hiérophante à l'initié, se trouvaient écrits les maximes et
» les enseignements de la sagesse.

» Mais je ne saurais abuser plus longtemps de votre bien-
» veillante attention, ô mes FF.·.

» Ma parole va cesser de se faire entendre; qu'il me soit
» seulement permis, en terminant, de jeter un coup-d'œil sur
» l'avenir de la Maç.·.

» Non, mes FF.·., la Maç.·., de qui tout sort et en qui tout
» rentre, ne périra pas, à moins que les nations ne soient
» mises à mort par les nations, et que le Globe ne devienne
» une immense solitude. La Maç.·. est le principe de la liberté
» fondée sur l'égalité politique, civile et religieuse, — la Maç.·.
» est le principe de l'ordre fondé sur le respect des droits de
» tous et de chacun. Elle est la plus belle des théories, parce
» qu'elle est la plus vraie. Elle est la plus consolante, parce
» qu'elle ne laisse aucun malheur sans secours, aucune injustice
» sans protection, sans défense. Elle est la plus sublime, la
» plus féconde, parce qu'il n'y a pas de perfectibilité qui ne
» puisse découler d'elle. Elle est la plus vivace, parce qu'il y
» a eu toujours des hommes rassemblés en société; elle n'a pas
» dû avoir de commencement, et que, s'il y en a encore par
» la suite, elle n'aura pas de fin. Elle n'est la plus noble,
» que parce qu'elle répond à la dignité de la nature humaine.
» Elle n'est la plus sainte, que parce qu'elle est la réalisa-
» tion la plus parfaite de l'égalité symbolique de tous les
» hommes. — Elle n'est la plus philosophique, que parce
» qu'elle détruit les préjugés; enfin elle n'est la plus magni-
» fique, que parce que de son tronc sacré s'élancent à la fois
» toutes les branches des devoirs sociaux, brillantes de sève,

premier produit de l'unité. La monade et la dyade réunies forment le ternaire, et représentent l'immensité de tout ce qui existe, l'être immuable et
la matière altérable et changeante.

» couronnées d'ombrages et chargées de fruits et de fleurs (1).

» A l'œuvre donc, FF.·. qui m'écoutez; c'est à vous qu'ap-
» partient cette propagande sainte qui n'aura porté ses fruits
» que lorsque les hommes auront la terre entière pour patrie,
» que dans un sentiment de reconnaissance universelle ils
» auront élevé en commun vers le G.·. A.·. de l'univers leurs
» hymnes respectueux !

» Rentrés dans vos familles, heureux au sein du foyer
» domestique, n'oubliez pas les devoirs de votre glorieux
» apostolat, et quand le songe de la vie sera terminé, vous
» aurez le bonheur de laisser après vous les traces d'une
» généreuse et fraternelle utilité !!! »

Après ce langage, où les années ne se font sentir
que par leur fruit, le Vén.·. fait connaître que le F.·.
HERMITTE et quelques autres FF.·., devant se trouver
à Paris le lendemain pour les Trav.·. du Convent, dési-
rent couvrir le T.·.

Avant de s'éloigner, le F.·. HERMITTE témoigne de
l'impression favorable qu'il emporte de cette fête, et il
rend hommage à l'érudition maç.·., dont il a été l'heureux témoin.

Le F.·. Exp.·., le F.·. M.·. des cér.·. et le F.·. Couv.·.
facilitent la sortie du T.·. à ces FF.·., et le Vén.·. déclare que les Trav.·. sont suspendus pour être repris
en tenue de Banquet.

(1) Applicat. de Cimon des Orat.

TENUE DE BANQUET.

C'est dans une vaste enceinte, ornée de fraîches guirlandes, décorée d'emblêmes Maç∴, et où la paix, la convenance, la fraternité règnent, que s'ouvre la seconde série des Trav∴ du R∴ Ate∴ De nombreux FF∴ Délégués et Visiteurs, assistent à la tenue de Banquet comme ils ont assisté à la tenue d'inauguration. Le Vén∴ donne la parole au F∴ Orat∴ et les Trav∴ se poursuivent avec ordre et régularité, dans un ensemble harmonieux.

Au moment que le Vén∴ juge opportun de déterminer, le F∴ MAGNE est appelé à gratifier l'assemblée de l'esquisse architecturale qu'il a tracée à la demande de plusieurs FF∴ de la L∴ pour la fête de ce jour.

Un grand nombre de Membres qui connaissaient déjà le talent incontestable et incontesté de cet excellent Maç∴ et qui ne veulent perdre aucune des paroles qu'il va prononcer, insistent pour qu'il veuille bien se rendre au centre du T∴ afin que sa voix soit bien entendue de l'un à l'autre bout des deux Col∴

Se rendant gracieusement au désir exprimé, le F∴ MAGNE, conduit par le F∴ Secrét∴, vient prendre place au point le plus central du T∴

Il traite de l'alliance des connaissances physiologiques et des connaissances psychologiques, relativement récentes, dans le but de vulgariser l'utile appréciation de la personne humaine.

Le développement de cette donnée est accueilli par des applaudissements sympathiques et prolongés.

Voici le travail du F.˙. MAGNE :

« T.˙. C.˙. V.˙. ET VOUS MES FF.˙.

» Un temple ancien me donne mon point de départ. Qui
» ne se rappelle la célèbre maxime, jadis inscrite au fronton
» du temple de Delphes ? L'homme doit apprendre à se con-
» naître lui-même.

» L'homme est corps et esprit ; on n'aurait pas l'homme
» complet, si l'on voulait examiner l'un à l'exclusion de
» l'autre.

» L'activité, à laquelle la science moderne assigne ou res-
» titue un rôle considérable, ne se borne pas à l'exercice de
» la force motrice, genre d'action où les bêtes l'emportent sur
» l'homme, et où les machines font triompher le génie hu-
» main ; l'activité est encore le principe de toutes nos facultés
» intellectuelles et morales. L'être humain doit être considéré
» dans sa double nature, à ce double point de vue. Sans être
» spécialiste, on peut (aujourd'hui surtout que les notions de
» tout genre se vulgarisent), regarder comme utile l'union
» des connaissances physiologiques et des connaissances
» psychologiques. L'utilité de cette union est le sujet de
» l'esquisse que j'ai la faveur de tracer.

» La physiologie, qui s'occupe de la vie dans l'homme, n'a
» été réellement constituée comme science qu'au dernier siècle
» par Haller, poète et savant de la Suisse, et l'une des illus-
» trations de l'université de Gœttingue. C'est un siècle seule-
» ment avant Haller, que les lois de la circulation du sang
» furent découvertes, enseignées et publiées sous forme scien-
» tifique par le médecin anglais Harvey. Tout le monde con-
» naît aujourd'hui ce phénomène de la vie organique, qui
» consiste dans le mouvement successif et en quelque sorte
» circulaire du sang tantôt clair et vermeil, tantôt foncé et
» noirâtre, poussé dans les artères par le cœur pour arriver

» aux poumons où il s'épure à l'influence vivifiante de l'air
» atmosphérique, et rapporté au cœur par les veines après
» avoir été distribué dans tout le corps, pour recommencer
» à parcourir ce double cercle merveilleux. Qu'il veille ou
» qu'il dorme, l'homme respire ; le mouvement ne cesse d'être
» imprimé à tout le système artériel par l'ondée de sang que
» chaque contraction du cœur fait pénétrer dans les artères,
» et, en abordant le chevet d'une personne amie qui repose,
» on pourrait observer ce mouvement sur la temporale, ainsi
» qu'on l'explore d'ordinaire pour le diagnostic, sur la ra-
» diale. Tout aussi bien que pendant les fatigues diverses du
» travail qui épuise, le sang continue d'acquérir par la respi-
» ration ses qualités nutritives, durant l'inertie du sommeil
» réparateur ; mais il règne, pendant le sommeil, comme
» une sourdine sur les nerfs, qui sont, chacun le sait, les
» cordons, les fils conducteurs de la sensibilité et du mou-
» ment.

» Durant ces paisibles heures du repos nécessaire où, selon
» la pensée de lord Byron, — le sommeil est la mort pour la
» vie de chaque jour, — l'état de l'esprit correspond à l'état
» du corps : ainsi que les sensations, les perceptions demeu-
» rent suspendues. Cependant, au fond, la vie intellectuelle
» ne s'arrête pas plus que la vie physique ; en effet, des
» images, des figures, des ombres d'idées se présentent à
» l'esprit, lorsque le corps est plongé dans l'assoupissement :
» c'est le rêve. Des spéculatifs ont longuement disserté sur
» l'état de rêve ; dissertations oiseuses, car c'est uniquement
» depuis que la psychologie, science relativement jeune, a
» emprunté sa méthode d'observation à la physiologie, science
» jeune elle-même, au même titre, que des explications plau-
» sibles, c'est-à-dire vraiment rationnelles, se sont fait jour au
» sujet des phénomènes du rêve. Après Bichat et Cabanis, on
» a entendu Maine de Biran et Jouffroy. Le rêve est une
» répercussion sourde des opérations habituelles de l'esprit,

» une sorte d'agitation machinale et indélibérée qui suit le
» mouvement libre et personnel, un obscur tressaillement des
» ressorts de la pensée, avec des effets bizarres, des rencon-
» tres étranges, des combinaisons toutes fortuites. Pendant
» le sommeil, l'activité volontaire se retire; il ne reste dans
» l'entendement qu'une faculté passive; l'attention fait place
» à l'intuition, les idées deviennent fantômes, et ces fantômes
» sont tour à tour insignifiants, épouvantables ou charmants.
» Une situation intermédiaire aide à comprendre l'état de
» rêve, c'est la rêverie. Dans la rêverie, l'attention, en appa-
» rence concentrée, est sans effort et presque involontaire ;
» or, dans la rêverie, comme dans le rêve, ce n'est point la
» réalité que l'on voit, c'est la chimère. En présence de la
» réalité on bâtit des édifices durables ; en face de la chimère,
» on fait des châteaux en Espagne. Le bon La Fontaine, phi-
» losophe distrait et poète populaire, nous dit avec sa naï-
» veté ingénieuse, au sujet de la rêverie, et à propos de
» châteaux en Espagne :

On m'élit roi, mon peuple m'aime,
Les diadèmes vont sur ma tête pleuvant ;
Quelque *accident* fait-il que je *rentre en moi-même*,
Je suis Gros-Jean, comme devant.

» *L'accident*, quel qu'il soit, qui nous ramène au senti-
» ment de la réalité, se produit toujours dans le rêve, à peu
» près comme il a lieu dans la rêverie ; la conscience de la
» vérité nous revient, l'illusion se dissipe, le mensonge s'en-
» fuit ; on *rentre en soi-même*. Et qu'est-ce que rentrer en
» soi-même, si ce n'est réfléchir ? Il n'y a plus là, sourde
» répercussion et molle passivité ; il y a, au contraire, éner-
» gie active et opération volontaire. La réflexion distingue
» l'intelligence de l'homme de *l'instinct*, ou, si l'on veut, de
» *l'intelligence* des animaux (car je me sens poursuivi de ce

» trait malin du bonhomme), où la réciproque ne serait pas
» vraie :

> Qu'on m'ose soutenir...........
> Que *les bêtes* n'ont point *d'esprit.*

» La réflexion, faculté maîtresse, et pour ainsi dire, tout
» éthérée, permet d'établir sur l'observation interne la mé-
» thode psychologique, comme la méthode physiologique se
» fonde sur l'observation externe.

» Par la réflexion, l'esprit humain descend dans la sphère
» intellectuelle, où il est à la fois l'instrument qui observe
» et le centre qui est observé.

» L'homme seul, disait Flourens, a le pouvoir de con-
» naître qu'il connaît, et de penser qu'il pense. — C'est
» l'homme à l'état de veille, mais l'homme de la méditation,
» qui est bien au-dessus de l'homme de la rêverie, à plus
» forte raison de celui du rêve !

» Je disais *descendre* dans la sphère intellectuelle ; cette
» expression-là ne serait plus exacte, en l'état présent de la
» science.... Avec plus d'autorité dans la méthode expéri-
» mentale que Descartes, qui logeait l'âme humaine dans la
» glande en forme de pomme de pin, dans la glande pinéale,
» c'est-à-dire à peu près au milieu du cerveau, M. Claude
» Bernard place le sens intime — dans ces lobes cérébraux
» supérieurs, dont l'ablation éteindrait aussitôt, suivant son
» langage, le flambeau de l'intelligence et de la spontanéité ;
» — puis, il fait cette remarque importante, que — notre
» idée ne devient précise et lumineuse qu'en retournant du
» monde extérieur au foyer de la connaissance qui est en nous.

» Ces paroles : — le foyer de la connaissance qui est en
» nous désignent d'une manière évidente le principe intelli-
» gent qui nous anime ; le retour à ce foyer n'est autre que la
» réflexion dans sa puissance, et ce passage nécessaire de l'ob-

» servation externe à l'observation interne est un argument
» tout favorable à l'utile alliance de la physiologie et de la
» psychologie.

» Toutefois, qui dit alliance ne dit pas confusion. Il faut
» même, pour que l'alliance soit réelle, que la distinction soit
» vraie. Des traits éclatants distinguent le caractère de la
» psychologie du caractère de la physiologie. Voyons rapide-
» ment ces traits distinctifs.

» De même que les yeux du corps se portent sur le monde
» extérieur, et vont au visible, à l'apparent, ainsi les yeux
» de l'esprit regardent le monde intérieur, et s'adressent à
» l'invisible, au caché. Les premiers peuvent embrasser tout
» ce qui n'est pas le contemplateur, les seconds interrogent le
» contemplateur lui-même; ceux-ci mesurent l'étendue de
» l'univers sensible, ceux-là sondent les profondeurs de l'être
» pensant; pour les uns, l'homme est un bipède, un bimane,
» ayant l'angle facial plus ouvert que tous les autres ani-
» maux; pour les autres, l'homme est un être doué de la
» raison et de la parole, capable de discerner le bien du mal,
» libre et perfectible.

» On ne saurait néanmoins pousser la distinction jusqu'à
» soutenir, comme quelques-uns l'ont fait, que l'homme qui
» digère n'a rien à démêler avec l'homme qui pense; dans la
» *Physiologie du goût*, Brillat-Savarin a prouvé le con-
» traire. Plus d'une fois, à cet égard (comme il le fait voir
» par des exemples), de graves, de fâcheux événements ont
» expié les défaillances de la nature, et, plus d'une fois aussi,
» la nature, même en son énergie, a souffert de l'intempé-
» rance d'une *physiologie* qui n'était point celle du *goût*.

» Le principe intelligent n'est pas sans avoir de certaines
» éclipses; la faute en est, avant tout, aux conditions maté-
» rielles de son existence terrestre; mais la lumière, qui est
» son essence, pour être sous le nuage, n'en reste pas moins
» la lumière. C'est un fait d'expérience, au surplus, que toute

» connaissance involontaire et primitive, acquise par le prin-
» cipe intelligent, est d'abord obscure, incertaine, et n'arrive
» à la clarté, ne donne la certitude qu'au moment où l'acti-
» vité mentale substitue à la synthèse et à ses éclairs dans la
» nuit, l'analyse et ses feux rassemblés. Cet éclaircissement
» se fait avec lenteur, à mesure que l'intelligence se replie
» sur elle-même.

» Il y a, en effet, dans le principe intelligent, autrement
» dit dans l'âme humaine, dans le sens intime, un élément qui
» est variable, et un autre qui est constant; de là, des modi-
» fications accidentelles, dont la présence même accuse la
» permanence du principe d'où elles émanent, et où elles re-
» tournent par voie de réflexion, pour tomber devant la
» mémoire, sous la loi du jugement.

» Et comment s'étonner des variations qui se manifestent
» de la sorte, dans l'exercice des facultés de l'esprit, quand
» pas une des molécules qui composent le corps n'échappe,
» pour la succession des phénomènes de la vie, à la nécessité
» du renouvellement? L'être physique ne change pas pour
» cela de nature personnelle, et l'être intelligent n'en demeure
» pas moins, comme la mémoire lui en apporte la certitude,
» identique à lui-même.

» L'influence réciproque de l'un de ces deux êtres sur l'au-
» tre, est un fait universellement connu. Tempérer cette
» mutuelle influence, de manière à ce qu'elle soit toujours
» saine; reposer le jeu des facultés par le jeu des forces;
» établir entre les forces et les facultés un sage équilibre :
» voilà surtout ce qui rend utile l'union des données scienti-
» fiques sur l'être moral et sur l'être physique qui composent
» la nature de l'homme. Pas un médecin philosophe, et le
» nombre en est grand, ne néglige cette alliance, soit pour
» l'hygiène, soit pour la thérapeutique. Quand je considère
» le physique de l'homme, — disait à Voltaire le grand Fré-
» déric, roi demi-sage, — je suis tenté de croire qu'il a été

» fait pour le métier de postillon, plutôt que pour celui de
» savant. — Frédéric n'envisageait qu'un côté de la question,
» et il tombait dans l'hyperbole. Retranchez l'hyperbole, et
» vous êtes en face de cette vérité : que l'exercice des forces
» est salutaire, au point de tenir en échec le cortége des
» maux, la légion des misères qui accompagnent ou qui sui-
» vent l'exercice immodéré des facultés. Connaître l'ensemble
» des organes, ainsi que l'ensemble des fonctions qu'exécute
» l'être vivant à l'aide de ces organes, n'est pas moins inté-
» ressant que d'apprécier les phénomènes de conscience, sen-
» timents, idées ou déterminations. Quel homme, par exemple,
» ne veut réprimer en lui-même l'impétuosité de la colère,
» ou par sa modération l'épargner à autrui, quand il sait les
» désastreux effets de cette passion aveugle, de ses mouve-
» ments désordonnés sur l'organisme du corps humain, frêle
» assemblage de merveilles, et sur les facultés de l'âme, pe-
» tits flambeaux que la moindre cause peut obscurcir?

» A l'état sain, le corps semble doué d'une éternelle jeu-
» nesse ; son agilité souple en fait un instrument docile, d'une
» parfaite harmonie ; à l'état sain, l'esprit commande sage-
» ment ; sa liberté réfléchie s'exerce avec plénitude, et l'acti-
» vité volontaire s'avance vers son but, ferme et douce, sol-
» licitant l'ordre et l'accord entre les heures de travail et les
» heures de repos.

» L'alliance des facultés et des forces est heureuse : leur
» division est funeste, en ce sens qu'elle abaisse ou qu'elle
» élève l'être vivant outre mesure. Qui n'étudierait que la
» physiologie, pourrait aboutir aux froides régions du maté-
» rialisme ; qui ne s'adonnerait qu'à la psychologie, courrait
» risque de se perdre dans les vains espaces de l'ascétisme.
» Or, n'admettre d'autre existence que celle de la matière,
» c'est ravir à l'homme son plus beau trésor, les suprêmes
» espérances, sans lesquelles l'idée de justice et l'idée de vé-
» rité demeureraient singulièrement imparfaites à ses yeux :

» d'un autre côté, condamner la créature intelligente à l'iso-
» lement, à la mortification et à l'extase, c'est lui dérober
» insensiblement son point d'appui, la raison, et sa douce
» gloire, l'humanité. D'une part comme de l'autre, on jette
» dans les bras de l'égoïsme la nature humaine mutilée ; car,
» en ne voyant au bout de la vie que le néant, on ne songe,
» la vie durant, qu'à soi-même ; et en ne considérant du
» sein de la vie bornée, que l'infini, on se dérobe à l'épreuve
» de la vie même, à ses glorieux combats, dont le désinté-
» ressement fait l'honneur.

» Chez les anciens, l'allégorie de Psyché désignait la beauté
» de l'âme, rivale de celle du corps, et inspirant l'amour le
» plus vif, le plus tendre ; c'est pourquoi Psyché était repré-
» sentée avec des ailes de papillon aux épaules, emblême
» ordinaire de l'âme ; mais l'allégorie faisait voir, en outre,
» Pysché punie pour avoir soulevé, dans sa curiosité témé-
» raire, le voile sacré qui cache des secrets interdits à la
» nature humaine, et au-dessus de sa portée. N'est-ce pas
» beaucoup maintenant, de savoir, par le calcul, que la plus
» grande vitesse connue, en imaginant une voie ferrée
» aérienne, ne mènerait au soleil qu'en trois cent cinquante
» ans, qu'il faudrait seize cents années pour arriver à la plus
» rapprochée des étoiles fixes?... L'infini nous échappe, et
» nous avons à peine l'idée de l'éternel par l'image du cercle.
» Il est donc sage de conclure au bon accord de l'être moral
» et de l'être physique dans l'homme, tout en conservant la
» prééminence sur l'être composé et périssable, à l'être sim-
» ple et immortel.

» Ce bon accord entretient l'homme dans une disposition
» favorable à la réciprocité de devoirs, à l'échange de servi-
» ces, à l'obligation mutuelle d'égards, qui constituent la vie
» sociale, la vie sociale telle qu'elle doit être pour le bonheur
» des générations qui passent comme les feuilles des bois,
» pour l'honneur de l'humanité qui fleurit d'un éternel prin-

» temps ; la vie sociale, telle que la prépare l'idée pacifique
» et lentement progressive du cosmopolitisme ; la vie sociale,
» telle que se plaît à la concevoir la respectable et nombreuse
» lignée qui, toute à l'inspiration d'un patriotisme généreux,
» se rattache au principe de la liberté tolérante, et garde,
» sous le niveau d'une égalité juste, les avantages du dévoû-
» ment fraternel.

» Mes F.·., je termine par un simple réflexion et par un
» vœu.

» S'il est vrai que la vieille tour, dont la médaille frappée
» en l'honneur de cette fête, reproduit l'image par le côté du
» délabrement, ait été jadis un temple dédié à Vénus-Uranie,
» c'est l'étoile de cette Vénus céleste qui brille encore à pré-
» sent au-dessus de son ancien temple, sur le bronze commé-
» moratif.

» Puisse le Temple nouveau consacré, dans ce jour trois
» fois heureux, aux plus anciennes traditions qui existent sur
» les choses divines et humaines, laisser un souvenir encore
» plus durable que ce monument de l'antique *Vesunna* ;
» puisse-t-il ébrécher la faux du temps, au lieu d'en subir
» les outrages ; puisse-t-il devenir à son tour un temple sé-
» culaire, sans perdre l'affluence de ses solennités ! »

Après les santés d'obligation, la L.·. de Périgueux,
par l'organe de son 1ᵉʳ Surv.·., exprime le désir qu'elle
a de porter, en dehors du rituel, à son Vén.·., un
second toast, en témoignage de sa vive sympathie.
Cette proposition est chaleureusement accueillie par
toute l'assemblée.

Pendant le cours de la deuxième série des Trav.·. de
ce jour, bien d'autres toasts ont été portés, bien d'autres discours ont été prononcés; mais comme tous
n'étaient pas écrits, tous ne peuvent être reproduits.

Ne sauraient toutefois être passés sous silence, ni le

triple toast chaleureusement développé d'un F.·. Visiteur *à la vulgarisation de la science, aux FF.·. Jean MACÉ et Eugène MAGNE, qui la popularisent, à l'extinction de l'ignorance;* ni le discours du F.·. Martin, de l'Or.·. de Sainte-Foy, dont le talent oratoire égale la science maç.·., et qui a tenu sous le charme de sa parole facile, brillante, colorée, où se révèle la connaissance approfondie du cœur humain, un auditoire visiblement ému, bien que contenu.

A la définition de la triple et triangulaire base de la Maç.·. exprimée par les trois mots de la devise de ses T.·. : *Liberté, Égalité, Fraternité,* et représentée dans ses Trav.·. par le Vén.·., le 1ᵉʳ Surv.·. et le 2ᵉ Surv.·., des *vivat* répétés ont remercié l'orateur du plaisir qu'il avait procuré à l'Ate.·.

Au nom de la Maç.·. Bordelaise, le F.·. BUSSIÈRE exprime à la Maç.·. Périgourdine des sentiments de gratitude pour l'accueil fait par la L.·. à ses SS.·. des Or.·. voisins. Il expose les vues libérales d'une société en voie de formation, qui inscrit sur son drapeau : « Ligue de l'enseignement », qui a pour but de propager l'instruction, qui compte à Bordeaux de nombreux adhérents, et dont un autre Orateur a déjà parlé. Il termine en rendant hommage au F.·. Jean MACÉ, le fondateur de la « Ligue », à sa persévérance toute Maç.·. dans une œuvre si belle, mais si difficile; puis, assisté des FF.·. Visiteurs, il porte une santé à la L.·. de Périgueux. On y applaudit par une tr.·. batt.·.

Un F.·. Visiteur appartenant à l'*Écossisme* de Lyon, déclare, au nom des SS.·. de cet Or.·., s'associer aux paroles des deux précédents Orateurs.

Le Vén.·., à son tour, invite les Maç.·. du R.·. Ate.·. à se joindre à lui, et un toast est porté, et une batt.·. est tirée en faveur des FF.·. Visiteurs.

Sur l'invitation du Vén.·., le tronc de l'Hos.·. circule sous les col.·. et revient à l'Or.·., chargé d'une abondante récolte pour les indigents.

Et attendu qu'il est minuit plein, et qu'il n'y a plus de matériaux sur le chantier, le Vén.·. ferme les trav.·. en la forme accoutumée.

Pour copie conforme :

Le Secrét.·.

PICOT (Émile).

Tel semble pouvoir se produire, d'après le procès-
verbal exact, un fidèle compte-rendu de ce 4ᵉ J∴ du
5ᵉ M∴ de l'an 5869 (V∴ L∴).

Un pareil jour rappelle *l'alba dies* des anciens, le
jour fortuné qu'ils marquaient de la *craie blanche*. Ce
jour restera dans les annales de la Maç∴ comme une
étape de la civilisation et du progrès sur la noble terre
du Périgord, étape civique, où près des vestiges d'un
monument romain, on aurait pu se souvenir des édiles,
en comptant les amis et les alliés.

Un beau génie des temps modernes, l'illustre Gœthe,
avait élevé un autel à la Lumière. C'est que la lumière
invisible guide l'esprit, comme la lumière sensible
guide les yeux. Cette invisible lumière, qui est dans
tout homme venant en ce monde et qui éclaire l'intelligence humaine, est désignée dans les langues primi-
tives et savantes par le nom du G∴ A∴ des Mondes,
car en grec Θέος, en latin *Deus*, en sanscrit *Deva*,
c'est le Brillant, le Céleste, le Lumineux.